LA
TUTOLÉGIE DES DEMOISELLES MANIÈRES

NOUVELLE MÉTHODE
DE
LECTURE

SANS ÉPELLATION

Théorique et pratique dans toutes ses parties
au moyen de laquelle
On apprend à lire sûrement, vite et bien

EN QUINZE LEÇONS

PRIX : 50 CENTIMES
(par exemplaire vendu séparément)

SE TROUVE :

à Bordeaux	à Paris
Chez H. MULLER, Libraire	Chez HACHETTE, Libraire
Rue Saint-Catherine, 98	Rue Pierre Sarrasin, 12

1864

LA
TUTOLÉGIE DES DEMOISELLES MANIÈRES

NOUVELLE MÉTHODE
DE
LECTURE

SANS ÉPELLATION

Théorique et pratique dans toutes ses parties

au moyen de laquelle

On apprend à lire sûrement, vite et bien

EN QUINZE LEÇONS

PRIX : 50 CENTIMES
(par exemplaire vendu séparément)

SE TROUVE :

à Bordeaux	à Paris
Chez H. MULLER, Libraire	Chez HACHETTE, Libraire
Rue Saint-Catherine, 98	Rue Pierre Sarrasin, 12

1864

AVIS

J'ai trois demoiselles qui seront reçues Institutrices dans un avenir peu éloigné. Elles sont ma préoccupation de tous les instants; aussi est-ce pour elles que j'ai fait ce livre, afin de leur rendre la tâche plus facile et le succès plus certain dans la carrière qu'elles ont à parcourir.

Il fallait ces quelques mots d'explication pour rendre intelligible le titre principal du présent manuel : *La Tutolégie des demoiselles Manières*. Mais tout principal qu'il est maintenant, ce titre deviendrait bientôt accessoire, et devrait même être supprimé, si mon livre, auquel je ne puis m'empêcher d'attribuer quelque mérite et quelque importance, venait à être accueilli par mes collègues avec une faveur que personne assurément n'oserait d'avance lui prédire; tant l'indifférence et l'incrédulité sont devenues générales à l'égard de ces sortes de publications et de leur perfectibilité possible. En effet, il y a tant de méthodes de lecture! les librairies en pullulent; depuis dix ans surtout, on ne voit à ce sujet que prospectus plus ou moins décevants, où tout est représenté couleur de roses. Vienne l'ouvrage, et avec lui la réalité; et alors le désenchantement est complet. On ne lit donc plus les circulaires, qui sont généralement reçues pour ce qu'elles valent.

Voilà pourquoi, sans désespérer précisément de la réussite, je me montre très-défiant quant au placement de cette méthode, que je me suis cependant efforcé de mettre hors ligne et sans rivale, en la dotant de tous les avantages qui manquent aux autres, et en évitant surtout les écueils qui les ont rendues impraticables. J'ai passé quinze ans à la composer, et on ne pourrait dire tout ce qu'elle m'a coûté de temps, d'efforts et de sacrifices depuis le jour où j'en ai dressé la première ébauche. Pour rendre ma méthode courte, complète et pratique, je me suis livré à bien des essais, procédant avec la plus minutieuse attention, m'entourant de tous les renseignements utiles, variant tantôt la forme et tantôt le plan, ne négligeant aucune idée, aucune tentative, remettant continuellement sur le métier, polissant sans cesse et repolissant. Aussi me semble-t-elle porter au suprême degré le cachet du travail et de la réflexion. — Une bonne méthode de lecture ne peut être que l'œuvre du temps et le fruit de l'expérience; pour l'obtenir, il fallait donc procéder avec lenteur et maturité.

Mais est-il besoin de démontrer toute l'importance d'une bonne méthode en général et l'utilité de mon livre en particulier, alors que le malaise présent est reconnu et avoué de tous, et que tant d'intelligences sont en action pour découvrir le remède? Je le ferai cependant, ne voulant rien négliger de ce qui peut assurer le succès de mon œuvre. Toutes les méthodes existantes sont donc plus ou moins défectueuses; auxiliaires incommodes et impuissants, elles ne satisfont entièrement personne. Seulement après tant d'insuccès, après tant d'achats inutiles, on ne croit plus à une amélioration tant désirée. C'est là la pierre d'achoppement que je redoute le plus; il est vrai que je me propose d'employer, pour faire connaître mon manuel, tout autre moyen que les annonces et les prospectus, voulant mettre surtout mes collègues en mesure de juger sur pièce et par leurs propres yeux. De cette manière ils ne seront point trompés, et je pourrai rendre bon témoignage de leurs connaissances spéciales et de leur bonne volonté.

La lecture est la première chose à apprendre ; c'est la première étape à franchir pour atteindre à ce terme désiré, à ce sommet plein de charmes qu'on appelle le *savoir*, et sans elle il n'y a pas moyen d'y parvenir. A ce sujet du reste, l'opinion publique toute puissante a rendu son verdict irrévocable.

Elle tient pour bon instituteur celui qui réussit à apprendre à lire à tous ses élèves sans obstacle et en peu de temps. Les parents n'épient-ils pas avec anxiété et sollicitude les premiers succès de leurs jeunes enfants ? Il faut donc se hâter de leur donner satisfaction par tous les moyens possibles. Pareillement, elle tient pour mauvais instituteur, celui qui n'entend rien à ce premier enseignement donné à l'enfance ; quoi qu'il fasse, il passera toujours pour un maître inhabile et impuissa t, fût-il d'ailleurs un professeur plein d'esprit et de talent, un mathématicien très profond, un littérateur très distingué. La possession d'une bonne méthode, quand elle existe, est donc pour l'instituteur une bonne fortune, un meuble tout-à-fait indispensable. En effet, muni d'un bon outil, le bon ouvrier fait merveille, et le mauvais ouvrier lui-même donne des résultats passables, presque satisfaisants. Avec un outil médiocre et mal fait, le premier n'avance que lentement et avec peine, ne pouvant se défendre d'un certain ennui, d'un certain découragement ; quant au second, sa besogne est nulle et pitoyable. Dans le premier cas, l'ouvrier, c'est-à-dire l'instituteur, se met à l'œuvre satisfait et content ; dans le second cas, au contraire, il hésite, il tâtonne, et c'est en maugréant, tout haut ou tout bas, qu'il se décide enfi à manier un instrument qui lui sert encore plus d'entrave que de véhicule. Tels sont les résultats opposés d'une méthode de lecture : elle encourage ou décourage, selon qu'elle est bonne ou mauvaise, selon qu'elle rend la voie facile ou scabreuse.

Il y a quatre grandes méthodes actuellement en usage dans les écoles ; je désignerai chacune d'elles par le nom de son auteur. *Méissas* est difficile et peu pratique ; plusieurs de ses tableaux font le désespoir du maître et des élèves. Les nombreux obstacles qui s y trouvent, proviennent d'une classification trop radicale et trop absolue ; ne pouvant les passer, on ne sait comment les aborder et les expliquer *Peigné* participe beaucoup de Méissas, sans valoir mieux ni même autant *Abria* est incomplet au commencement, obscur, embrouillé et impraticable sur la fin *Michel*, qui a emprunté beaucoup à Méissas et beaucoup à Abria, ne les a ni améliorés, ni surpassés. En isolant les difficultés, en les attaquant une à une, il a comme Peigné détruit toute idée d'ensemble, et sa méthode se distingue surtout par un éparpillement que rien ne justifie, mais qui ennuie et fatigue beaucoup. En somme, ces messieurs n'ont su ni aplanir ni faire disparaitre aucun obstacle, aucune difficulté ; trop heureux s'ils n'en avaient pas créé ; ils ont échoué à cause des *équivalents*, qu'Abria seul a eu le bon esprit de ne point traiter à part : aussi est-il beaucoup plus répandu que les autres. J'ai signalé et consigné au bas de chacune de mes leçons, le côté faible, le vice capital du tableau correspondant dans les méthodes précédentes, rapprochant ainsi le remède du mal pour en mieux faire ressortir l'importance. — Je prie le lecteur, désireux de se convaincre de la supériorité de mon syllabaire, et aussi de s'assurer que mon livre est réellement une conception nouvelle et non pas une compilation, de vouloir bien le parcourir en entier et s'y reporter.

J'ai donné à mon manuel le titre de *Méthode sans épellation*, bien qu'il soit nécessaire d'épeler un peu pour apprendre à lire, afin de mieux saisir l'accouplement des lettres et de mieux remarquer celles qui demeurent invariablement unies. Je me hâte d'ailleurs de déclarer qu'il ne s'agit nullement ici de l'ancienne épellation, si machinale, si illogique, si inintelligente ; et encore moins de cet enseignement individuel si funeste dans les écoles nombreuses. En m'exprimant ainsi, j'ai pensé uniquement à l'élève *qui ne doit pas épeler pour ne pas avoir ensuite à cesser de le faire* : c'est au maître à épeler devant lui et pour lui, en lui donnant toutes les explications utiles. Pendant qu'on lit au tableau, sa place est avec ses élèves, derrière lesquels il doit continuellement circuler, allant et venant d'un groupe à l'autre pour surveiller ce qui s'y fait et y prendre part. Mon livre semble présenter cet avantage qu'étant simple et facile, tout élève peut, aussi bien que le maître, l'appliquer et s'en servir. Il exercerait donc la plus utile influence sur l'avenir scolaire de plusieurs milliers d'enfants, que fatiguent et dégoûtent les syllabaires actuels.

Méissas a 28 tableaux ; Peigné, Michel et Abria en ont de 20 à 25, cependant ils sont insuffisants, incommodes, incomplets. J'ai réussi à tout renfermer dans 15 tableaux, sans rien oublier, sans rien écourter ni amoindrir. Ma méthode est, par-dessus tout, pratique, rapide, rationnelle, explicative ; il suffit d'y jeter les yeux pour s'en convaincre.

Afin que le prix de mon livre ne soit pas trop élevé, j'ai fait tirer cette première édition à 4,000 exemplaires. Je suis donc tout-à-fait en mesure de satisfaire les demandes qui me seront adressées. Si je parviens à écouler rapidement ce premier tirage, je pourrai faire composer immédiatement en gros caractères les 15 tableaux formant la partie essentielle de la méthode, et même y ajouter les 4 tableaux de lecture courante, qui en sont le complément indispensable. Mais je ne veux point caresser une illusion. N'osant faire un livre pour tous et prétendre ainsi à la renommée, j'en ai fait un pour moi, pour les miens et pour quelques amis dévoués aux succès desquels je m'intéresse vivement. Si cette première intention, ce premier besoin de mon cœur, se trouve satisfait, mon but sera atteint ; quant à l'adhésion de mes collègues, si elle m'arrive par surcroît, je l'accueillerai, moi aussi, comme une bonne fortune, en conservant à chacun d'eux individuellement la plus profonde reconnaissance pour la souscription dont ils m'auront honoré.

A. Manières,
Instituteur.

La Ruscade, par Cavignac (Gironde), le 27 Mars 1864.

PREMIÈRE LEÇON. — N° 1.

I. — Voyelles ou sons.

a   o   i   u   e   é   è   y

abbé.   ovale.   ivrogne.   usé.   œuf.   été.   ère.   yach.

Exercice :

a	u	è	i	o	e	a	i	u	è	y
i	o	a	e	u	i	o	e	é	i	a
u	è	u	a	e	o	é	a	o	è	e
e	a	o	u	a	e	i	o	y	o	a
o	e	è	o	é	y	u	é	a	u	è
é	i	a	é	o	e	è	u	è	a	o

II. — Consonnes ou articulations.

(On doit faire prononcer **be**, **pe**, **de**, **te**, **fe**, **ce**, **ze**, **ve**, **ke**, **gue**.)

b   p   d   t   f   v   c   g   s   z

bœuf.   pipe.   dos.   trompette.   fouet.   vache.   crochet.   gri gri.   serpent.   zigzag.

r   l   j   m   n   x   h   k   q

rateau.   latte.   jarret.   main.   niche.   xiste.   hache.   képi.   quinine.

Exercice :

b	p	d	q	b	l	p	j	d	m	t	v
n	f	x	v	h	c	k	b	t	c	z	d
s	j	r	x	q	m	f	g	r	n	s	z
q	l	x	b	g	r	z	s	v	t	k	n
v	d	z	p	h	d	c	b	x	f	j	p
m	q	v	r	g	b	t	d	j	z	l	f
r	f	p	s	m	k	r	s	c	v	b	q
h	x	d	p	b	q	n	g	t	m	r	d

NOTA. — Les mots placés au-dessous de chaque lettre sont pour VENIR EN AIDE à la mémoire de l'enfant, qui ne doit point les lire. On doit seulement lui observer que *b* est la première lettre de *bœuf*, etc.

DEUXIÈME LEÇON. — N° 2.

I. — Syllabes directes.

Il faut que la première (la consonne) *se jette, se détende* sur la seconde (la voyelle) et la saisisse immédiatement, sans intervalle.

»	»	A	O	I	U	É	È	E	Y	»
»	»	a	o	i	u	é	è	e	y	»
B	b	ba	bo	bi	bu	bé	bè	be	by	Ba
P	p	pa	po	pi	pu	pé	pè	pe	py	Pa
D	d	da	do	di	du	dé	dè	de	dy	Da
T	t	ta	to	ti	tu	té	tè	te	ty	Ta
F	f	fa	fo	fi	fu	fé	fè	fe	fy	Fa
V	v	va	vo	vi	vu	vé	vè	ve	vy	Va
C	c	ca	co	»	cu	»	»	»	»	Ca
G	g	ga	go	»	gu	»	»	»	»	Ga
S	s	sa	so	si	su	sé	sè	se	sy	Sa
Z	z	za	zo	zi	zu	zé	zè	ze	zy	Za
K	k	ka	ko	ki	ku	ké	kè	ke	ky	Ka
R	r	ra	ro	ri	ru	ré	rè	re	ry	Ra
L	l	la	lo	li	lu	lé	lè	le	ly	La
J	j	ja	jo	ji	ju	jé	jè	je	jy	Ja
M	m	ma	mo	mi	mu	mé	mè	me	my	Ma
N	n	na	no	ni	nu	né	nè	ne	ny	Na
X	x	xa	xo	xi	xu	xé	xè	xe	xy	Xa

II. — Syllabes inverses.

Il faut que la première (la voyelle) enlève la seconde (la consonne).

»	»	b	c	d	f	g	l	p	r	s	x
A	a	ab	ac	ad	af	ag	al	ap	ar	as	Ax
O	o	ob	oc	od	of	og	ol	op	or	os	Ox
I	i	ib	ic	id	if	ig	il	ip	ir	is	Ix
U	u	ub	uc	ud	uf	ug	ul	up	ur	us	Ux
»	»	B	C	D	F	G	L	P	R	S	X

Nota. — *De cette manière les élèves apprennent les majuscules, sans ennui, sans difficulté, sans effort.* — Le motif pour lequel j'ai rejeté e à la dernière colonne est facile à comprendre : dès le commencement l'élève confondrait le avec 1, qui se trouveraient ainsi trop rapprochés.

TROISIÈME LEÇON. — N° 3.

Majuscules et Minuscules
dans l'ordre alphabétique en usage.

A B C D E F G H I J K L M N
a b c d e f g h i j k l m n

O P Q R S T U V X Y Z
o p q r s t u v x y z

Récapitulation :

ba	ca	da	fa	ga	la	pa	ra	sa	ta	xa	za
ab	ac	ad	af	ag	al	ap	ar	as	at	ax	az
bo	co	do	fo	go	lo	po	ro	so	to	xo	zo
ob	oc	od	of	og	ol	op	or	os	ot	ox	oz
bi	»	di	fi	»	li	pi	ri	si	ti	xi	zi
ib	»	id	if	»	il	ip	ir	is	it	ix	iz
bu	cu	du	fu	gu	lu	pu	ru	su	tu	xu	zu
ub	uc	ud	uf	ug	ul	up	ur	us	ut	ux	uz

Lecture.

Co ra a ré pa ré la ro be de Sa ra. — Zo é a la vé la sa la de. — Ni na a sa li la pè le ri ne de Zé li a. — E ve li na a de vi né la pa ro le de Ca ro li ne. — Le lu xe a é ga ré la tê te de No é mi. — Pa pa di ne ra à mi di. — Jé rô me a ta xé le ca fé Mo ka. — Mi mi a sa lé le rô ti. — La ca ra bi ne de Re né a a bî mé le ké pi de Ju le. — Ur su le a lu la pe ti te no te de Lé a. — Le re mè de a o pé ré à la mi nu te. — Le mé ri te se ra vé né ré. — A de li ne a sa li le so fa de Co ra li. — Ma ri a a ri de la pa ro le du ma ri de Ni co le. — E mi le a ré ga lé Va lè re du pâ té de Ma xi me. — Sa me di le Ca rê me fi ni ra. — E va fi ni ra la ro be de Co ra. — Le zè le de Lé vi a pa ru ri di cu le. — Le pa vé de bi tu me se ra la vé. — La ra re té de la ju ju be. — Le pi lo te du na vi re a é vi té la la me. — Le pé ta le de la tu li pe a é té a bî mé. — La vi pè re a pé ri de fa mi ne. — Oc ta ve a vu le ru ta ba ga.

Lecture ordinaire :

Cora a réparé la robe de Sara. — Zoé a lavé la salade. — Nina a sali la pèlerine de Zélia. — Evelina a deviné la parole de Caroline. — Le luxe a égaré la tête de Noémi. — Papa dînera à midi. — Jérôme a taxé le café Moka. — Mimi a salé le rôti.

QUATRIÈME LEÇON. — N° 4.

Lettres ayant double prononciation.

$$c = s \quad g = j \quad ç = s$$

c { ca co cu » »
   cé cè ce ci cy

g { ga go gu » »
   gé gè ge gi gy

ç   ça ço çu ço ça çu ço çu ça

Lecture préparée.

Du ca ca o. — La cé ci té du Cu ré. — La ca ge de la li no te. — Le re çu de Cé li na. — Lé vi a ré pa ré la fa ça de. — Ce ré gi ci de a é té pu ni. — Ce ci l'a ré ga lé. — Ce la l'a ga ce. — Du cé lé ri. — U ne ci ga le vo ra ce.

s = z

s   sa so si su sé sè se sy sa so

Après **a o** : Une salade. Il a jasé. Il re po se ra une rose.
Après **i u** : De la mi sè re. Il a ta mi sé. Une usine. Usage.
Après **é è e** : Il a me su ré de la ré si ne. Il ira à Be si ka.

x = gz (e = é devant x)

x   xa xo xi xu xé xè xe xi xy

Lecture préparée.

E mi le a exa gé ré la no te d'A na to le. Exu pè re a é té exi lé. Exa mi ne le ri va ge. Il a ob te nu l'exé at. La za re a exha lé sa co lè re. Va lè re se ra exo né ré.

e = é, è (lorsqu'on y ajoute une consonne)

e   be ce de te fe ge le pe re sc te xe ze
e   eb ec ed et ef eg el ep er es et ex ez

Lecture préparée.

Jo el a or ga ni sé le Co mi ce. Une la me ex pé di ti ve. Re né se fe ra er mi te. El le i ra à Ec ba ta ne. Ed me a vu El mi re à la pro me na de. Co ra es pè re. El le es pè re ra.

Ré gi na a vi si té A dè le. Cé li ne a mé na gé le ci ra ge de Cé li ma. Lé vi a ra sé Jé rô me. Le Ju ge a ju gé le li ti ge de Cé ci le. Li se a o sé ri re de la mi sè re d'A li ce.

NOTA. — Il m'a toujours paru ridicule de rejeter, au milieu ou à la fin d'une méthode, des mots aussi simples que *race, loge, ruse, exagéré*. L'élève est déjà assez fort pour comprendre et retenir que les lettres **c, g, s, x**, ont deux prononciations, ou plutôt deux noms.

CINQUIÈME LEÇON. — N° 5.
Consonnes adhérentes.

br   pr   dr   tr   cr   gr   fr   vr
bl   pl   cl   gl   fl | sb   sc   st   sp   ps
h   ch   ph   th   gn   gu   qu   ill

gu gui ta re. — **gu** gué ri te. — **qu** qui ni ne. — **qu** qua li té.

Dédoublement des consonnes.

a abb acc add aff all amm ann app arr ass att
o obb occ odd off oll omm onn opp orr oss ott
i ibb icc idd iff ill imm inn ipp irr iss itt
u ubb ucc udd uff ull umm unn upp urr uss utt
e ebb ecc edd eff ell emm enn epp err ess ett

Nota. — Des deux consonnes, la *première finit*, et la *deuxième recommence* :

oc**c**upé, réu**s**si, ap**p**osé, offi**c**e, pie**r**re, sug**g**éré, allu**m**ette, pom**m**elé, an**n**uel, as**s**ura.

Exercice.

abb : ab bé, Ab be vil le. — **acc** : ac ca pa ré, il ac cu sa, ac cu mu lé, ac cé lé ré. — **occ** : oc cu pé, oc ci re, oc ci put. — **aff** : af fa mé, af fi ni té, af fo lé, af fi li é. — **eff** : ef fé mi né, ef fi ca ce. — **off** : of fi ci ne, of fi ce, of fi ci nal. — **all** : al lu re, il al lu me ra, al lé gi. — **ell** : el lé bo re, el le-mê me, el li pse. — **ill** : il lé gi ti me, il lu mi né. — **ann** : an ni hi lé, an na le. — **enn** : en ne mi, la Vi en ne. — **inn** : il in no va, in né. — **onn** : hon ni, hon nê te té. — **amm** : am mo ni ac. — **omm** : hom me, om mi a de. — **emm** : Em ma, Em ma nu el. — **app** : ap pe lé, il ap por ta. — **opp** : op po sé. — **arr** : il ar ro sa, ar ri va ge, ar rê té. — **irr** : ir ri té, ir ré fu té. — **err** : er ro né. — **ass** : as su ré, as si mi lé. — **iss** : his sé, dis sé mi né. — **ess** : es so ré, li es se. — **att** : at ti sé, il at ti ra.

ex (**ecs**) : ex pé di é, ex cu se ra, ex té nu é, ex tir pé.
ex (**egz**) : exo né ré, exa mi né, exi lé, Exu pé ry, exé at.

Nota. — J'ai cru devoir revenir à l'ancien principe du dédoublement qui ne présente pas d'exception et surtout pas de difficultés. Je n'ai pu m'habituer aux inconséquences suivantes : *to nner re, a ppli qué, step pe, a ssa ssi né, lar ge sse, pe ssi mis te.*

SIXIÈME LEÇON. — N° 6.

Exercice syllabique.

	Br	Pr	Dr	Tr	Cr	Gr	Fr	Vr		
br	bra	bro	bri	bru	bré	brè	bre	bry	bro	bré
pr	pra	pro	pri	pru	pré	prè	pre	pro	pri	pra
dr	dra	dro	dri	dru	dré	drè	dre	dra	dry	drè
tr	tra	tro	tri	tru	tré	trè	tre	tru	tro	trè
cr	cra	cro	cri	cru	cré	crè	cre	cri	cro	cra
gr	gra	gro	gri	gru	gré	grè	gre	gra	gré	gru
fr	fra	fro	fri	fru	fré	frè	fre	fry	fro	fré
vr	vra	vro	vri	vru	vré	vrè	vre	vri	vra	vro

		Bl	Pl	Cl	Gl	Fl			
bl	bla	blo	bli	blu	blé	blè	ble	bly	bla	blé
pl	pla	plo	pli	plu	plé	plè	ple	pla	plé	plo
cl	cla	clo	cli	clu	clé	clè	cle	cli	clo	clé
gl	gla	glo	gli	glu	glé	glè	gle	glu	gla	gly
fl	fla	flo	fli	flu	flé	flè	fle	flé	flu	fla

	H	Ch	Ph	Th	Gn	Gu	Qu		
h	ha	ho	hi	hu	hé	hè	he	ha	hu	hi
ch	cha	cho	chi	chu	ché	chè	che	cha	chu	chi
ph	pha	pho	phi	phu	phé	phè	phe	pha	phu	phi
th	tha	tho	thi	thu	thé	thè	the	tha	thu	thi
gn	gna	gno	gni	gnu	gné	gnè	gne	gna	gnu	gni
gu	gua	guo	gui	»	gué	guè	gue	gua	guo	gui
qu	qua	quo	qui	»	qué	què	que	qua	quo	qui
ill	illa	illo	illi	illu	illé	illè	ille	illa	illo	illi

Lecture préparée.

Cla ra a pré fé ré le fro ma ge de Bre ta gne. — Ché ri a ca ché ma ha che. — A gla é a ré ci té le cha pi tre. — La glu a re te nu la gri ve. — U ne tra ce de li è vre. — Le ju ge a flé tri le cri me. — Jé bu a tra hi sa pa trie. — La mo ra le du phi lo so phe. — U ne fi gue pré co ce. — Jé ho va a dé li vré Sa rah. — Le cri du co li bri. — La gué ri te a cra qué — Lé vi pê che ra à la li gne. — Ma hé a bê ché le vi gno ble. — Il a é té é ba hi de ce to hu - bo hu. — Cla ra a ro gné la rè gle. — I gna ce a ho ché la tê te. — Il ar ri ve de Bo hê me. — Ca ro li ne a si gné l'é pî tre. — Ir ma a ta qui né Blé try. — Zo é a dé chi ré sa cri no li ne.

Nota. — Ce tableau est incomplet dans *Meissas, Michel* et *Peigné*; il manque presque en entier dans *Abria*.

SEPTIÈME LEÇON. — N° 7.

Syllabes consonnantes

Il faut que les deux *premières* enlèvent la *dernière*.

ba	bac	bal	bar	baf	bas	ti	tif	tic	tir	tis	tyx
pa	par	pas	pac	pal	pat	mi	nic	nir	nil	nis	nip
da	das	dax	dal	dar	dap	ri	ril	rit	ric	rir	rit
ta	tal	tac	tax	tas	tar	zu	zur	zul	zug	zuc	zup
la	lac	lar	las	lax	lat	bu	buc	bus	bul	buf	but
ra	rat	ral	rac	ras	rap	tu	tur	tus	tul	tuc	tul
sa	sar	sac	sal	sas	sac	su	suc	sur	sus	suf	sut
fa	fal	far	fas	fac	fat	lu	lux	lur	lus	lut	lul
va	vas	vas	var	vac	val	du	dur	duc	dux	dut	dul
ga	gaz	gal	gas	gar	gap						
na	nar	nas	nac	nap	nal	e = è quand on y ajoute une consonne.					
co	col	cor	cos	cop	cof						
go	gor	got	gos	gol	gob	be	bec	bel	ber	bes	bef
lo	loc	los	lop	lof	lor	pe	per	pes	pet	pex	pec
ro	rop	ros	rol	ros	roc	de	dez	del	der	dec	dex
bo	bol	bor	bos	box	bot	te	tel	tec	tes	ter	tex
vo	vos	vox	vol	vor	vog	fe	fer	fes	fez	fel	fec
to	tor	toc	tof	tol	tos	ve	vec	vel	ver	vez	ves
so	soc	sol	sor	sot	sog	le	les	lex	lec	les	lez
mo	mol	mos	mor	mox	mot	me	mez	mer	mel	mes	mex
li	lic	lir	lis	lir	lit	ne	ner	nez	nef	nex	nep
pi	pir	pis	pif	pic	pit	re	red	rel	rez	rep	res
bi	bil	bif	bis	bir	bic	ce	cel	cer	cep	ces	cez
di	dic	dir	dif	dis	dix	ge	ger	gez	gel	get	ges
xi	xil	xir	xys	xic	xif	se	sel	ser	sec	sex	sep

Exercice sur *l, ll* secs, et sur *il, ill* mouillés.

al	bal	cal	gal	fal	mal	nal	pal	ral	sal	tal	val
ail	bail	cail	gail	fail	mail	nail	pail	rail	sail	tail	vail
el	bel	pel	del	tel	lel	vel	mel	nel	sel	rel	cel
eil	beil	peil	deil	teil	leil	veil	meil	neil	seil	reil	ceil
all	ball	pall	tall	gall	mall	vall	fall	nall	sall	rall	call
aill	baill	paill	taill	gaill	maill	vaill	faill	naill	saill	raill	caill
ell	bell	pell	dell	cell	mell	vell	feill	nell	sell	rell	tell
eill	beill	peill	deill	ceill	meill	veill	feill	neill	seill	reill	teill
il	bil	pil	dil	gil	ril	zil	mil	nil	vil	fil	ril
ill	bill	pill	dill	gill	rill	zill	mill	nill	vill	fill	rill

NOTA. — *Les autres méthodes disent* b ac : bac. *Il est plus rationnel et plus pratique de dire* ba c : bac, *passant ainsi de deux lettres à trois. Les quatre méthodes manquent d'exercice sur l'*e *ouvert, non accentué.*

La seconde moitié de ce tableau renferme un Exercice tout-à-fait nouveau sur les *ll mouillés*, que j'ai présentés à leur véritable place; de même que *oi, oy, ai, ay,* du n. 10.

HUITIÈME LEÇON. — N° 8.

Lecture préparée.

Mar the a pré pa ré du thé à Zul ma. Pascal a col por té le li vre de Myr thé. Ed gar a na vi gué sur le ca nal de Bris tol. Mar gue ri te a dé chi ré l'al pha bet de Del phi ne. Ber the a frap pé par mé gar de à la por te de Ga bri el le. Le ba tail de la clo che se ra grossi. Ce prê tre cha ri ta ble a prê ché à la Mi sé ri cor de. Sé pho ra gar de ra le bé tail de Mal vi na. Le bailli a as sis té à la ba taille. Hec tor a taillé la char mille de Vic tor. Le so leil sè che ra vi te cet te paille hu mi de. U ne é clip se de so leil. Ro set te a par lé à Jo sé phi ne. Do ro thé e a dé si gné Clo til de. Je anne gué ri ra de sa co que lu che. Al ber ti ne a bu du scu bac.
A dri enne a par ta gé sa pomme a vec Es tel le. Fé lix a su cé le su cre d'or ge. Emma a cas sé la vi tre. Agla é a ré pli qué à Os car. La qui ni ne l'a ré ta bli de sa fiè vre. Cla ri ce a dé gra dé le fi chu de Ré bec ca. Tul lia a taillé le cor sa ge d'Er nes ti ne. Sa ma chi ne a dé raillé sur le via duc, el le a é car té le rail. E par gne-lui ce tra vail. Pa pa a chè te ra à Jenny u ne ro be ver te pa reille à cel le de Nel ly. Ca the ri ne a brûlé du phos pho re. U ne da me de qua li té. Mal vi na a bri sé la cru che. Er nest se ré si gne ra à par tir de Sa ler ne. Nes tor a per du sa cra va che. Her mi nie a chè ve ra sa bro de rie. La gué ri te du ca po ral. Ju pi ter a bu le nec tar.
Jé rô me a vi si té Sé bas to pol. Mi chel a ga gné le tré sor. Le por ti que a é té des si né par Gus ta ve. E lar gir u ne por te. Hec tor a ex cu sé ma pa res se Anna a ter mi né sa be so gne. La gui ta re du bar de es pa gnol. Gra vir le ter tre a vec vi tes se. Ma hé le phi lo so phe ex pli que ra le phé no mè ne à Ma hul. Il a ob te nu u ne mé daille. U ne taille svel te. U lys se, fer me la por te du cor ri dor. Fé lix a ob ser vé le cri du cha cal Il a dé pas sé la quo ti té dis po ni ble. Fanny a ré tré ci le cor set de Ra chel. Her cu le a vec sa for ce n'a guè re de ri val. Jo seph a re çu u ne dé pê che té lé gra phi que. Du val a si gné le billet de Fré dé ric. La bri que a grillé. Ja phet ap por te ra de Chi ne la re li que du mar tyr. Syl ves tre a ca ché le ki lo gramme. Clé ry a ha bi té Phi la del phie.

Lecture ordinaire.

Marthe a préparé du thé à Zulma. Pascal a colporté le livre de Myr-thé. Edgar a navigué sur le canal de Bristol. Marguerite a déchiré l'alphabet de Delphine. Berthe a frappé par mégarde à la porte de Ga-brielle. Le batail de la cloche sera grossi. Ce prêtre charitable a prêché à la Miséricorde. Séphora gardera le bétail de Malvina. Le bailli a assisté à la bataille.

NEUVIÈME LEÇON. — N° 9.

I. — Voyelles composées.

PRÉPARATION AU N° 10.

ai ei — au eau — eu œu — ou oi

ai	ei	oi	au	eu	ou	eau	œu	ei	oi	ai
eu	au	ou	ei	eau	œu	oi	ou	eau	eu	ou
oi	eu	ei	ou	ai	au	eu	ai	œu	ei	œu
ou	eau	eu	ai	ou	ei	eau	au	œu	oi	eau
au	ei	ai	eau	oi	eu	ei	eu	oi	au	eu

II. — Voyelles nasales.

PRÉPARATION AU N° 12.

    an   en   in   on   un
       ain   ein   oin
   am   em   im   om   um

A distinguer.

ai	ain	ia	ian	in	in	ou	on
ei	ein	ié	ien	ain	yn	eu	en
oi	oin	io	ion	ein	ym	au	an

an	on	en	un	in	en	un	an	on	un	an	in
um	am	im	em	om	im	om	em	ym	am	om

ain	ein	oin	—	ein	oin	ain	—	oin	ain	ein
ian	ien	ion	—	ien	ion	ian	—	ion	ian	ien

A distinguer :

an au — on ou — en eu — in un — er eur

ann	enn	inn	onn	enn	ann	onn	inn
amm	emm	imm	omm	emm	imm		

NOTA. — Ce tableau n'a pas de pareil dans aucune Méthode pour la variété des Exercices. Il est en outre très-pratique et très-complet. On ne peut en dire autant de MEISSAS, PEIGNÉ, ABRIA et MICHEL.

DIXIÈME LEÇON. — N° 10

Exercice sur le tableau n° 9 (1ʳᵉ PARTIE).

	ai	ei	au	eau	eu	œu	ou	oi	»	»
b	bai	bei	bau	beau	beu	bœu	bou	boi	beu	bau
p	pai	pei	pau	peau	peu	pœu	pou	poi	pai	pou
d	dai	dei	dau	deau	deu	dœu	dou	doi	deau	deu
t	tai	tei	tau	teau	teu	tœu	tou	toi	tei	teu
f	fai	fei	fau	feau	feu	fœu	fou	foi	fau	fai
v	vai	vei	vau	veau	veu	vœu	vou	voi	veu	vou
s	sai	sei	sau	seau	seu	sœu	sou	soi	sei	seau
z	zai	zei	zau	zeau	zeu	zœu	zou	zoi	zou	zœu

	oi	ai	ei	au	eu	ou	œu	eau	»	»
r	roi	rai	rei	rau	reu	rou	rœu	reau	rai	rou
l	loi	lai	lei	lau	leu	lou	lœu	leau	loi	lai
m	moi	mai	mei	mau	meu	mou	mœu	meau	meu	mau
n	noi	nai	nei	nau	neu	nou	nœu	neau	nei	noi
p	poi	pai	pei	pau	peu	pou	pœu	peau	pei	pei
t	toi	tai	tei	tau	teu	tou	tœu	teau	toi	tai
s	soi	sai	sei	sau	seu	sou	sœu	seau	seu	sei

	oi	oir	—	eu	eur	—	ai	ais		
e	be	de	te	fe	le	me	ne	pe	re	se
eu	beu	deu	teu	feu	leu	meu	neu	peu	reu	seu
eur	beur	deur	teur	feur	leur	meur	neur	peur	reur	seur
oi	boi	doi	toi	foi	loi	moi	noi	poi	roi	soi
oir	boir	doir	toir	foir	loir	moir	noir	poir	roir	soir
oiss	boiss	doiss	toiss	foiss	loiss	moiss	noiss	poiss	roiss	soiss
ou	bou	dou	tou	fou	lou	mou	nou	pou	rou	sou
our	bour	dour	tour	four	lour	mour	nour	pour	rour	sour
ouss	bouss	douss	touss	fouss	louss	mouss	nouss	pouss	rouss	souss
ai	bai	dai	tai	fai	lai	mai	nai	pai	rai	cai
aiss	baiss	daiss	taiss	faiss	laiss	maiss	naiss	paiss	raiss	caiss

	ai	ay	—	oi	oy	—	ei	ey	—	ui	uy
ai	rai	tai	pai	gai	nai	lai	sai	crai	frai	trai
ay	ray	tay	pay	gay	nay	lay	say	cray	fray	tray
oi	boi	doi	foi	loi	joi	moi	noi	roi	soi	voi
oy	boy	doy	foy	loy	joy	moy	noy	roy	soy	voy
ei	nei	sei	tei	dei	chei	**ui**	nui	sui	pui	tui
ey	ney	sey	tey	dey	chey	**uy**	nuy	suy	puy	tuy

Nota. — La seconde moitié de ce tableau est très-nouvelle et très-pratique. Elle manque dans les quatre grandes Méthodes rappelées.

ONZIÈME LEÇON. — N° 11.

Exercice.

| ber | ter | der | ver | ler | cer | ger | ser | nef | sel |
| beur | teur | deur | veur | leur | ceur | geur | seur | neuf | seul |

eul	seul	deul	feul	oul	boul	roul	soul
euil	seuil	deuil	feuil	ouil	bouil	rouil	souil
euill	seuill	deuill	feuill	ouill	bouill	rouill	souill

Lecture préparée.

Ai   Au   Eu   Ou   Oi

J'ai vu Claire au lavoir. Victoire a parcouru le Poitou. Laure a joué au tric trac avec Pauline. J'ai vu la jeune reine de Chypre. Germaine retournera à Boulogne. Il faudra boire sur la poire. Aigline a souligné le passage du journal Guillaume soulèvera le masque de Sicaire. Je lui parlerai au retour de notre voyage. J'ai souhaité à Théophile cette route neuve : la voilà ouverte au public. De la fleur de guimauve a paisera le rhume d'Aimé. Claudine a souri à Blaise. Ce cri aigu a été poussé par Paul.

Casimir a remarqué le retour du captif. Riche comme Crésus; pauvre comme Job; clair comme le jour. J'irai à Toulouse la semaine prochaine. Fleury écrira au roi de Prusse. Une feuille de cerfeuil. De la graine de fenouil. Ce noyé a été retiré de la Seine. Je sauverai le pauvre naufragé. Le laboureur a reçu le salaire de sa peine. J'irai à Neuilly voir la cour. Ce beau vaisseau a été remorqué au mouillage. Avoir la royauté de la fève. La poutre a craqué. Bruno se fatigua aussitôt. Alfred a témoigné du regret de sa faute. Marc a manœuvré sur le plateau avec Grégoire. Il y aura du peuple à cette fête.

Bruno a soulagé sa sœur. Raphael aura le cerveau fatigué. Claude a laissé du blé pour la jeune glaneuse. Je resterai neutre à cause de toi. Ce chapeau de feutre a été trouvé à Marseille par une pauvre balayeuse. Le veuf a épousé la veuve. Voilà le château neuf de ma sœur. Philippe a tourné le feuillet. Arthur a rayé l'article. Clotaire a choisi la meilleure place. Avoir été gouverneur de la Touraine, du Dauphiné, de l'Auvergne, de la Gascogne.

Lecture ordinaire.

J'ai vu Claire au lavoir. Victoire a parcouru le Poitou. Laure a joué au tric trac avec Pauline. J'ai vu la jeune reine de Chypre. Germaine retournera à Boulogne. Il faudra boire sur la poire.

DOUZIÈME LEÇON. — N° 12.

Exercice sur le tableau n° 9. (2ᵐᵉ partie.)

	an	en	on	un	in	ain	ein	ien	oin
b	ban	ben	bon	bun	bin	bain	bein	bien	boin
c	can	cen	con	cun	cin	cain	cein	cien	coin
d	dan	den	don	dun	din	dain	dein	dien	doin
f	fan	fen	fon	fun	fin	fain	fein	»	foin
g	gan	gen	gon	gun	gin	gain	gein	gien	goin
j	jan	jen	jon	jun	jin	jain	jein	jien	join
m	man	men	mon	mun	min	main	mein	mien	moin
n	nan	nen	non	nun	nin	nain	nein	nien	noin
p	pan	pen	pon	pun	pin	pain	pein	pien	poin
r	ran	ren	ron	run	rin	rain	rein	rien	roin
s	san	sen	son	sun	sin	sain	sein	sien	soin
t	tan	ten	ton	tun	tin	tain	tein	tien	toin
v	van	ven	von	vun	vin	vain	vein	vien	voin
x	xan	xen	xon	xun	xin	xain	xein	xien	xoin
z	zan	zen	zon	zun	zin	zain	zein	zien	zoin

à distinguer :

na, an — ne, en — ni, in — no, on — nu, un

an	pan	tan	van	can		am	flam	gam	gram	lam
ann	pann	tann	vann	cann		amm	flamm	gamm	gramm	lamm
en	ten	ren	len	pen		em	sem	gem	lem	fem
enn	tenn	renn	lenn	penn		emm	semm	gemm	lemm	femm
on	don	bon	son	ton		om	pom	gom	som	rom
onn	donn	bonn	sonn	tonn		omm	pomm	gomm	somm	romm
in	sin	tin	lin	rin		im	tim	cim	lim	nim
yn	syn	tyn	lyn	ryn		ym	tym	cym	lym	nym
an	ban	can	lan	van		en	ten	sen	ren	len
au	bau	cau	lau	vau		eu	teu	seu	reu	leu
on	ton	son	ron	mon		ion	lion	pion	sion	rion
ou	tou	sou	rou	mou		oin	loin	poin	soin	roin
ian	lian	rian	nian	pian		ien	sien	tien	rien	fien
ain	lain	rain	nain	pain		ein	sein	tein	rein	fein

NOTA. — La seconde moitié de ce tableau est entièrement nouvelle. Elle manque dans les quatre grandes Méthodes.

TREIZIÈME LEÇON. — N° 13.

RÉCAPITULATION.

	an	en	on	un	in	ain	ein
	ai	oi	eu	ou	au	eau	

br	bran	brin	bron	brun	brain	breu	brou	broi	brai
pr	pron	pren	prin	prun	prein	proi	prai	prou	preu
dr	drin	dran	dron	drain	droin	dreau	dreu	drai	droi
tr	train	tron	tran	trein	tren	trai	troi	treu	trouss
cr	cran	crin	cron	crain	cren	creu	crou	crai	croiss
gr	grin	grain	gran	gron	grun	groi	grai	greu	grou
fr	frein	fran	frin	fron	froin	frai	frau	freu	froiss
vr	vran	vrin	vron	vrain	vrun	vrai	vreu	vreau	vroir

bl	blan	blon	blin	blun	blain	blai	bloi	bleu	blou	bleau
pl	plon	plen	plan	plein	plain	plai	ploi	plou	plau	pleur
cl	clin	clun	clan	clain	clon	cloi	cleu	clai	clou	cleur
gl	glan	glon	glin	glun	glau	glai	gloi	glou	gleu	gleur
fl	flon	flan	flun	flain	flin	flai	floi	flou	fleu	fleur

h	han	hin	hon	hen	hun	hai	hou	hoi	heu	hauss
ch	chin	chon	chain	chan	chien	chou	chai	cheu	cheur	chauss
ph	phon	phan	phin	phun	phain	phoi	phou	phai	pheu	pheur
th	than	thon	thym	thun	thain	thou	thai	thau	thoi	theur
gn	gnan	gnin	gneur	gnon	gnai	gneau	gnoir	gneu	gneur	gneul
gu	guen	guin	guan	guon	guai	gueur	guoi	guan	gueu	gueur
qu	quin	qu'on	qu'un	quan	quoi	quai	queur	quin	quoi	quen
ill	illen	illon	illan	illun	illoi	illou	illai	illeur	illon	illoir

c = s   g = j (devant e, é, è, i)

c	cai	cau	can	cain	coi	cou	coin	cœu	cun
	ceu	cen	cein	ceau	cin	çai	çoi	çan	çon
g	gai	gau	gan	gain	goi	gou	gon	goin	gun
	geu	gen	gien	gin	geai	geoi	geo	geon	»

S = Z (entre deux voyelles)

s   san   sin   son   sai   soi   seu   seau   soin

Après **a o é :** Le ca so ar. Po si tif. Ré sis tan ce. Po ro si té.
Après **i ai oi :** Ri si ble. Ti son. Com plai san ce. Em poi son né.
Après **u eu :** Mu si que. Fa meu se. Peu reu se. Fié vreu se.
Après **au ou** Plau si ble. Cau seur. Cou si ne. Ja lou se.

Nota. — *Ce tableau est en plus sur toutes les autres Méthodes. On peut, à la rigueur, le passer.*

QUATORZIÈME LEÇON. — N° 14.

Lecture préparée.

An En On Un In Ain — Am Em Om Um Im
Ann Enn Inn — Amm Emm Imm Omm

Fanfan a mangé un bonbon. Le cancan a été entendu. Le bilan de la Banque. Urbain m'a tendu la main. Martin a invité son cousin. Le pinson a encore chanté son refrain. Paulin a mangé un brugnon. Bonjour, Grégoire, je reviendrai demain avec Anselme. J'ai rencontré un mouton. Le tribun a consenti à se taire. Un poinçon pointu. Une branche de nerprun. Raoul sera ton soutien. Faire une étrange réponse. Repeindre un tableau en jaune, en noir ou en bleu. Être bien loin de son canton. Le pinceau du peintre. Arthur a éreinté mon chien. Un jambage de porte. Une perte immense. Mon tailleur m'a vendu un pantalon brun. Un personnage d'importance. J'ai senti la bonne odeur du parfum. Simon m'a raconté son voyage. Un mouton du Berry.
Antonin a comblé le ruisseau. De la pommade camphrée. Brigitte a réprimandé la servante de ma tante. Ne faire rien qui vaille. La teinture a brûlé l'étoffe. Entreprendre un commerce trop étendu. Je rejoindrai mon bataillon à Quimper. Olympe a faussé sa timbale. Une tempête horrible l'a assailli en mer. L'ennemi a été enfoncé. Turenne a succombé avec gloire. La muraille mitoyenne. L'emploi a été supprimé. Constantin a manqué à l'appel. Clémence a interrogé Clémentine. Alexandre a vaincu Porus. Ferréol a greffé un sauvageon. Quentin offrira du vin de Bourgogne.
Delphin exerça une vengeance cruelle, atroce. J'ai approuvé, j'ai applaudi le beau sermon du missionnaire. Le lion a hurlé sur la montagne de Gelboé. Voici Jeanne votre humble servante. Germain se plaindra de son cher Frédéric. Etienne a enseigné le symbole à Lucien. Adolphe a confié son dessein à Alphonse. Augustin a offensé ma croyance. Prendre un geai à la glu. Le feuillage a grimpé dans le treillage. Il me demande pardon de sa négligence. Antoinette ton drap sur un œuf. Valentin a été confirmé par l'évêque de Noyon. Florentine ne fréquentera plus cette maison. Bien connaître la Saintonge, le Languedoc, la Flandre, la Champagne, la Provence, ainsi que la Franche Comté.

Lecture ordinaire.

Fanfan a mangé un bonbon. Le cancan a été entendu. Le bilan de la Banque. Urbain m'a tendu la main. Martin a invité son cousin. Le pinson a encore chanté son refrain. Paulin a mangé un brugnon. Bonjour, Grégoire, je reviendrai demain avec Anselme.

QUATORZIÈME LEÇON *(Suite)*. — N° 15.
Lecture ordinaire.

J'ai rencontré un mouton. Le tribun a consenti à se taire. Un poinçon pointu. Une branche de nerprun. Raoul sera ton soutien. Faire une étrange réponse. Repeindre un tableau en jaune, en noir ou en bleu.

Françoise a donné de la nourriture à mon pigeon. Ambroise s'embarquera avec Blaise à Dunkerque. J'ai donné mon suffrage au comte de Louvain. André prendra le deuil lundi ou vendredi. Sylvain enceindra son jardin d'un mur mitoyen. Armand a manqué la diligence. Barnabé se montrera sympathique à Bertrand. Mathurin a défoncé le tympan de la cymbale. Alexandre a tranché le nœud gordien. Faire une empreinte sur le sable. La teinture lyonnaise a réussi. Le défenseur de Robert a plaidé avec chaleur et même avec éloquence. J'ai mangé du pain sans levain. Il m'a nommé par mon nom et par mon prénom.

Eusèbe accompagnera Fabien. Une nageoire de poisson. Le Grondeur a remorqué le Souffleur jusqu'à Brest. J'ai trinqué avec le gendre de Bertron. Adrien va chanter au lutrin avec son oncle. De la terre glaise. Je te donnerai une belle fleur pour ton parterre. Je hante le quai de Bacalan. Antoine a retranché un chevron de la grange. Anselme a renversé l'enseigne du libraire. Paul a lu sur le fronton du temple : « au Dieu inconnu. » Descendre le Simplon. J'habite une chambre haute. Pierre entrera dans une communauté. Le désastre me semble prochain. Bisser une strophe. Le maçon a blanchi la façade de ma maison. Sylvestre choisira la meilleure étoffe.

Un hectolitre plein de grain. L'écureuil a grimpé jusqu'au sommet de l'ormeau. Il tremble de peur d'être tué. Plonge ta main droite dans l'eau froide. Un costume emprunté. J'ai questionné le beau personnage. Faire un plongeon dans la Gironde. Se combattre en ennemis irréconciliables, à outrance. Eclaircir une garenne, reconnue trop épaisse. Le tonnerre a grondé dans le lointain. Le train-omnibus va passer sur le viaduc. Un cône tronqué. Samuel a employé une feinte coupable. Une crainte salutaire.

Alphabet de minuscules italiques.

a   b   c   d   e   f   g   h   i   j   k   l   m   n   o   p   q
             r   s   t   u   v   w   x   y   z

Nota. — Ce tableau est en plus sur toutes les autres Méthodes. Il n'est pas rigoureusement indispensable.

QUINZIÈME LEÇON. — N° 16.

Nota. — 1° Il y a sept mots qui ne se lisent pas comme les autres ; 2° Les consonnes finales ne se prononcent pas, principalement *d*, *s*, *t*, *x*, *z*, *cs*, *ts*, *ps*, *pt*, *ds*, *gs*.

e	le	de	te	me	se	ce
es	les	des	tes	mes	ses	ces

es, est = é, è

Tu **es** gran*d*. Pierre **est** for*t*. Tu **es** fran*c*. Paul **est** généreu*x*. Tu **es** pruden*t*. Urbain **est** soumi*s*. Tu **es** gra*s*. Joseph **est** souffran*t*.

J'ai surveillé les faubour*gs*. Les tem*ps* son*t* bien différen*ts*. S'asseoir sur les ban*cs*. Des étan*gs* profon*ds*. Des tron*cs* vigoureu*x*. De gran*ds* et nobles sentimen*ts*. Tou*t* se corrom*pt* à la longue. Des regre*ts* cuisan*ts*. Nous avons obligé des ingra*ts*.

Finale es = e

Se couvrir **les** épau**les**. **Les** paro**les** frivo**les** sont inuti**les**. On a créé **des** promena**des** publi**ques**. **Ces** mena**ces** sont ineffica**ces** et ridicu**les**. J'ai taillé **mes** plu**mes** et aiguisé **mes** ar**mes**. J'ai parcouru **tes** lis**tes**, elles sont jus**tes**. **Tes** arbus**tes** sont robus**tes**. Tu connais **ses** ru**ses**, évite-**les**. Il a ajouté à **ces** ressour**ces**.

Finale ez, et, er = é

Deman**dez** et vous recevr**ez**. Cherch**ez** et vous trouver**ez**. Corrig**ez**-vous et vous serez estimé. Respect**ez** et chériss**ez** vos parents. Un cabin**et** et un buff**et**. Un bouch**er** et un coch**er**. Un noy**er** et un poir**ier**. Un prun**ier** et un ceris**ier**. Il faut demand**er** pour recev**oir**. Il faut cherch**er** pour trouv**er**, Frapp**er** pour entr**er**. On vous ordonne de vous lev**er** et de march**er**. Notre devoir est d'aim**er**, de respect**er** nos parents, de les consol**er** dans leurs peines, de leur aid**er**, de les soulag**er** dans leurs besoins.

Finale ent = e

Pierre rit et chante, Pierre et Paul rie**nt** et chante**nt**. Simon lit et écrit, Simon et Edgard lise**nt** et écrive**nt**. François considère, François et Charles considère**nt**. Adrien écoutait et entendait, Adrien et Pascal écoutaie**nt** et entendaie**nt**. Joseph permit et se repentit, Joseph et Antoine permire**nt** et se repentire**nt**.

Finale tion = cion

La France est une na**tion** glorieuse et puissante. Arthur a commis une mauvaise ac**tion**. Nous réclamons votre protec**tion**. Abandonnez-moi votre por**tion**. Ce juge a dignement rempli ses fonc**tions**. Avoir une indiges**tion**. Le bas**tion** a été emporté d'assaut.

Nota. — Ce tableau est tout-à-fait nouveau dans sa forme, et tout-à-fait pratique. Rien de pareil n'a encore existé.

1ʳᵉ LEÇON DE LECTURE COURANTE. — N° 17.

Histoire de Moïse.

ai aï — oi oï — au aü — ou oü — eu éu — ei éi

1. Les descendants de Jacob établis en Egypte formaient un peuple nombreux et puissant, et ils étaient, à cause de cela, un sujet d'inquiétude et de crainte pour le roi et pour les autres habitants de ce pays.

2. Ce roi, nommé Pharaon, voulant mettre un terme à cet accroissement, ordonna d'employer les Israélites aux travaux les plus pénibles et les plus malsains, de manière à en faire périr un grand nombre par la peste et par les maladies.

3. Mais, malgré cela, le nombre des Hébreux, au lieu de diminuer, allait sans cesse en augmentant. Pharaon prescrivit alors aux sages-femmes de faire périr tous les enfants mâles, au fur et à mesure qu'ils naîtraient.

4. Ce fut dans ces tristes circonstances que Jocabed, de la tribu de Lévi, mit au monde un garçon d'une beauté extraordinaire.

5. Avertie des desseins de Dieu, pleine de tendresse et de dévouement pour son fils, elle résolut de le sauver malgré les ordres barbares du roi. C'est pourquoi elle le tint caché pendant trois mois environ.

6. Mais ne pouvant plus tenir secrète sa présence, à cause de ses vagissements, elle résolut enfin de l'exposer sur les eaux du Nil, grand fleuve de la contrée. A cet effet, elle se munit d'une corbeille de jonc, qu'elle enduisit de bitume et de poix, pour la rendre imperméable à l'eau.

7. Ayant placé le petit garçon dans la corbeille, elle descendit vers le fleuve et l'y exposa a la garde de Dieu, a travers les roseaux qui en embarrassaient les bords.

8. Une seule personne l'accompagnait et lui servait de témoin; c'était sa fille, sœur de l'enfant, à qui elle avait recommandé de se tenir à distance pour voir ce qui arriverait

9. Mais l'œil de Dieu veillait sur ce jeune enfant, auquel étaient réservés de grands destins, qui devait être un jour le législateur des Hébreux.

10. Bientôt donc la fille de Pharaon vint au fleuve pour s'y baigner. Ayant aperçu la corbeille qui flottait, elle l'envoya chercher sur-le-champ par une de ses femmes. Le cœur de la princesse fut saisi de compassion à la vue de ce pauvre petit être ainsi abandonné. « Sans doute, dit-elle, ce jeune garçon appartient à une mère israélite. » Et aussitôt elle résolut de le prendre sous sa protection.

11. Au même instant, la sœur de l'enfant s'approcha, et proposa à la princesse de faire venir une nourrice pour le nouveau-né. La fille du roi y consentit; et bientôt Jocabed recevait un salaire pour allaiter publiquement un petit garçon que, seule avec sa fille, elle savait lui appartenir.

2ᵐᵉ LEÇON DE LECTURE COURANTE. — N° 18.

Suite de l'histoire de Moïse.

12. Quelques années après, ce cher nourrisson était remis à la princesse Marie, qui l'adoptait pour son fils et lui donnait le nom de Moïse, qui signifie en langue égyptienne : *Sauvé des eaux*.

13. Moïse, ainsi adopté et élevé par la fille du roi, fut instruit dans toute la science et dans toute la sagesse des Egyptiens. Un jour, saisi d'une sainte colère, il se précipita sur un Egyptien qui maltraitait un Israélite et le tua.

A cause de ce meurtre, il dut s'exiler du pays et aller habiter chez un peuple voisin.

14. Il avait quarante ans, et gardait les brebis de Jéthro, son beau-père, lorsque Dieu lui apparut dans un buisson ardent et lui ordonna d'aller en son nom signifier à Pharaon de laisser partir les Israélites, qui devaient enfin, selon la prophétie de Jacob, retourner dans la terre de Chanaan qu'on appela dès lors la terre promise.

15. Moïse se présenta donc hardiment devant le roi et lui communiqua l'ordre de Dieu. Pharaon refusa d'obéir, et ce fut en vain que le prophète réitéra plusieurs fois sa prière. Le roi s'obstinait de plus en plus.

16. Moïse, pour prouver sa mission et vaincre l'opiniâtreté du roi, fit un grand nombre de miracles terribles qu'on appelle les *Plaies d'Egypte*, mais Pharaon n'en persistait pas moins dans son refus et dans ses mauvais sentiments.

17. Une dernière calamité vainquit enfin sa résistance. Dieu avait frappé de mort le premier-né dans chaque famille égyptienne. Depuis le palais du roi jusqu'à la plus humble cabane, il n'y avait pas une maison où il n'y eut un mort.

18. Saisi de frayeur, Pharaon céda enfin, et les Israélites furent libres de quitter ses états. Ils partirent au nombre de six cent mille, après avoir célébré la Pâques et avoir marqué du sang de l'agneau la porte de chaque maison pour se protéger contre l'ange exterminateur.

19. Une colonne de nuées les guidait pendant le jour, une colonne de feu éclairait leur marche pendant la nuit ; et jamais ce phare surnaturel et mystérieux ne leur manqua pendant les quarante ans que dura leur longue transmigration.

20. Peu de jours après, cette immense multitude arriva sur les bords de la mer Rouge, où elle établit son camp.

21. Mais déjà Pharaon s'était repenti d'avoir laissé partir une si nombreuse population, dont la richesse et l'industrieuse activité formaient, en grande partie, la force et la splendeur de l'Egypte. Il rassembla donc une armée et se mit à les poursuivre. Il les eut bientôt atteints.

3ᵐᵉ LEÇON DE LECTURE COURANTE. — N° 19.

Suite de l'histoire de Moïse.

22. Les Hébreux se voyant cernés d'un côté par la mer et de l'autre par les Egyptiens, conduits par Pharaon en personne, furent saisis d'une grande frayeur.

23. Alors Dieu dit à Moïse : « Etendez votre main droite sur la mer ; divisez les eaux et faites-vous ainsi un passage » Moïse accomplit aussitôt l'ordre du Seigneur, et ayant étendu la main, les eaux se partagèrent à l'instant, bouillonnant à droite et à gauche ; un vent très-violent souffla ensuite, mit à sec le lit du fleuve, et les Israélites purent passer commodément et sans obstacle.

24. Pharaon et son armée voulurent les suivre dans cette voie de salut que Dieu leur avait ouverte ; mais lorsqu'ils furent engagés jusqu'au milieu du fleuve, Dieu jeta la confusion parmi eux en renversant les chars et en précipitant les cavaliers : frappés d'épouvante, tous essayèrent de s'enfuir ; mais Dieu dit à Moïse : « Etendez de nouveau votre main sur les eaux, afin qu'elles reprennent leur place. » Moïse obéit, et aussitôt les eaux se rejoignirent, engloutissant tout, hommes, chars et chevaux.

25. Toute l'armée égyptienne périt en ce jour, et pas un ne resta pour porter en Egypte la nouvelle d'un si grand désastre.

26. C'est ainsi que Dieu délivra son peuple d'une injuste servitude.

27. Après avoir traversé la mer Rouge, les Israélites, toujours conduits par Moïse, pénétrèrent dans cet immense désert où ils devaient errer si lo. gtemps.

28. Bientôt le pain leur manqua ; mais ce fut Dieu qui se chargea de leur subsistance. Pendant quarante ans que dura leur voyage, une nourriture abondante leur fut envoyée du ciel tous les jours ; on l'appela la *manne*. Elle avait le goût du pain de pure farine mêlée de miel.

29. L'eau leur fit défaut à son tour. Sur l'ordre de Dieu, Moïse frappa le rocher de sa verge, et une eau douce et potable en jaillit aussitôt avec abondance.

30. Sept semaines après avoir quitté la terre d'Egypte, les Israélites arrivèrent auprès du mont Sinaï Ce fut là que Dieu leur donna sa Loi au milieu de l'appareil le plus extraordinaire et le plus terrible.

31. Un nuage épais couvrait la montagne et la dérobait aux regards. Les éclairs sillonnaient la nue, et le tonnerre grondait avec fracas. On entendait également le bruit effrayant de trompettes innombrables.

32 Le peuple, glacé d'épouvante, se tenait debout au pied de la montagne tout en fumée, dans une attitude humble et suppliante. Au milieu des éclairs et du tonnerre, il distingua une voix qui dit :

33. « 1° Je suis le Seigneur ton Dieu, qui t'ai tiré de la servitude d'Egypte ; tu n'auras point d'autre Dieu devant moi ; tu ne te façonneras point d'idoles pour adorer ensuite l'ouvrage de tes mains.

4ᵐᵉ LEÇON DE LECTURE COURANTE. — N° 20.
Suite de l'histoire de Moïse.

34. « 2° Tu ne jureras point, tu ne prononceras point le nom du Seigneur témérairement et sans cause. 3° Tu ne travailleras point le jour du Sabbat, en mémoire de la création et du repos du septième jour.

35. « 4° Honore ton père et ta mère, afin de vivre longtemps dans la terre promise, et d'être honoré un jour par tes enfants.

36. « 5° Tu ne tueras point. 6° Tu ne commettras point d'adultère. 7° Tu ne déroberas point. 8° Tu ne mentiras point ; tu ne diras point de faux témoignage contre ton prochain. 9° Tu ne commettras point de fornications.

37. « 10° Tu ne convoiteras pas le bien de ton prochain, ni son bœuf, ni son âne, ni son serviteur, ni sa servante, ni rien de ce qui lui appartient et qui se trouve dans sa maison. »
Ces dix commandements du Seigneur furent écrits sur deux tables de pierre dites *Tables de la Loi*. On les appelle vulgairement le *Décalogue*.

38. Moïse, instruit par Dieu, construisit encore le tabernacle et l'Arche d'alliance où furent déposées les Tables de la Loi.

39. Durant leur long séjour dans le désert, les Hébreux commirent envers le Seigneur de nombreuses infidélités, et à chaque fois Moïse, animé d'un saint zèle, ne manqua pas de leur reprocher leur ingratitude et leur folie.

40. Pendant que Moïse conférait avec Dieu sur la montagne, les Israélites avaient élevé un veau d'or et ils l'adoraient. A son retour, le saint législateur, saisi d'indignation, le fit brûler et réduire en poudre ; ensuite il contraignit le peuple à le boire, afin qu'il ne restât aucune trace de cette iniquité abominable.

41. L'eau avait manqué de nouveau, et les enfants d'Israël avaient encore murmuré ; Moïse frappa le rocher et il en sortit de l'eau immédiatement. Mais, en présence des crimes d'Israël, sa confiance en Dieu s'était affaiblie ; et dans le doute, il avait frappé deux fois. On verra bientôt combien il en fut sévèrement puni.

42. Les Israélites, effrayés du nombre et de la taille de leurs ennemis, avaient compté pour rien le secours du Seigneur, et ils avaient regretté hautement d'avoir quitté l'Egypte. Dieu envoya contre eux des serpents qui les faisaient mourir par leurs morsures brûlantes. Moïse fit élever un serpent d'airain, à la vue duquel ils étaient guéris.

43. Offensé de ces insultes et de ces murmures continuels, Dieu condamna tous ceux qui étaient sortis de l'Egypte et qui avaient vu par quelles merveilles Dieu les avait délivrés, à mourir dans le désert, à l'exception de Josué et de Caleb qui lui étaient toujours restés fidèles.

44. Moïse mourut sur la montagne, en vue de la Terre promise, dans laquelle il ne devait pas entrer, malgré sa sainteté, parce qu'il avait douté une seule fois de la parole du Seigneur.

CONSEIL GÉNÉRAL DE LA GIRONDE.

Extrait du procès-verbal officiel et des journaux de Bordeaux.

Séance du 8 Septembre 1851.

RAPPORT DE M. MERLET, DE BLAYE.

J'ai l'honneur de soumettre au Conseil général une proposition tendant à accorder une subvention de 300 fr., à titre d'encouragement, au sieur Manières, Instituteur public à La Ruscade, auteur de divers manuels élémentaires destinés à l'enseignement des écoles primaires.

Les diverses publications du sieur Manières vous ont été adressées par l'auteur; elles sont au nombre de cinq et intitulées :
1. *Méthode complète de lecture.*
2. *Grammaire des écoles primaires élémentaires.*
3. *Dictionnaire des écoles primaires élémentaires.*
4. *Arithmétique des écoles primaires élémentaires.*
5. *Exposé élémentaire des poids et mesures.*

En s'imposant la tâche difficile quoique bien modeste de faire des livres pour les enfants, M. Manières n'a eu qu'une pensée, celle de rendre l'enseignement plus accessible qu'il ne l'est aujourd'hui aux enfants qui fréquentent les écoles rurales. Eclairé par une expérience de dix années, acquise dans une commune considérable, située aux limites de l'arrondissement de Blaye, cet Instituteur a reconnu que les livres réputés jusqu'à ce moment les plus élémentaires, les plus appropriés au jeune âge, sont loin d'être assez précis et assez simples pour les enfants de la campagne, qui ne trouvent pas dans leurs familles cette sorte de préparation qui est la conséquence de l'éducation de leurs parents.

Cette appréciation, confirmée par des épreuves réitérées, a déterminé M. Manières à abréger les petits manuels employés dans les écoles, à remanier les méthodes et à substituer aux formules actuellement en usage des formules plus claires et plus vulgairement intelligibles.

Votre Commission, Messieurs, a lu et examiné les diverses publications que j'ai énumérées plus haut, et elle a reconnu qu'en effet elles devaient être très-utiles aux écoles primaires élémentaires, et rempliraient, à l'avenir, le but que s'est proposé l'auteur.

Le Conseil général sera disposé, nous l'espérons, à encourager un Instituteur, père de famille, sans fortune, qui a employé ses loisirs et son intelligence à un travail long et pénible. La subvention que nous réclamons pour lui le dédommagera d'une partie des sacrifices onéreux qui, à raison de leur caractère humble et modeste, n'ont pas l'avantage d'émouvoir l'attention publique, mais qui méritent du moins la bienveillance et l'appui de tous ceux qui s'intéressent aux améliorations et au progrès de l'enseignement primaire.

Par ces considérations, Messieurs, votre Commission d'administration a l'honneur de vous proposer de voter à titre d'encouragement, une somme de 300 fr. en faveur de M. Manières.

Elle vous propose, en outre, en donnant votre approbation aux divers ouvrages composés par l'auteur, de recommander M. Manières à la bienveillance de M. le Ministre de l'Instruction publique.

Les conclusions de la Commission d'administration, appuyées par plusieurs membres qui font ressortir le mérite et l'utilité des travaux de M. Manières, sont adoptées par le Conseil.

PRIX
de la
TUTOLÉGIE DES DEMOISELLES MANIÈRES

1 exemplaire pris séparément...... » 1. 50 c.
12 exemplaires...................... 5   »
25 exemplaires...................... 19 »
50 exemplaires...................... 27 »
100 exemplaires..................... 32 »

BORDEAUX. — IMPRIMERIE RAGOT, RUE DE LA BOURSE, 11-13.

www.ingramcontent.com/pod-product-compliance
Lightning Source LLC
Chambersburg PA
CBHW060629050426
42451CB00012B/2499